孩子的 人类文明史 ②

〔美〕吴军 著

童趣出版有限公司编　人民邮电出版社出版
北　京

图书在版编目（CIP）数据

给孩子的人类文明史 . 2 /（美）吴军著；童趣出版
有限公司编 . -- 北京：人民邮电出版社，2023.5
ISBN 978-7-115-60246-6

Ⅰ . ①给… Ⅱ . ①吴… ②童… Ⅲ . ①文化史 – 世界
– 少儿读物 Ⅳ . ① K103-49

中国国家版本馆 CIP 数据核字（2023）第 018393 号

著作权合同登记号 图字：01-2022-4725

著　　　：[美] 吴军
责任编辑：王敬栋　段亚珍
责任印制：李晓敏
美术设计：木　春　李新泉

编　　　：童趣出版有限公司
出　　版：人民邮电出版社
地　　址：北京市丰台区成寿寺路 11 号邮电出版大厦（100164）
网　　址：www.childrenfun.com.cn

读者热线：010-81054177
经销电话：010-81054120

印　　刷：鸿博睿特（天津）印刷科技有限公司
开　　本：787 × 1092　1/16
印　　张：4.25
字　　数：80 千字
版　　次：2023 年 5 月第 1 版　2023 年 5 月第 1 次印刷
书　　号：ISBN 978-7-115-60246-6
定　　价：33.00 元

前言

文明的诞生

在文明出现之前，中国大地上已经出现了多个农耕文化地区。到了夏朝时期，人们已建造起大规模的宫殿、城市，并且会将玉石作为装饰物；到了商朝时期，甲骨文的使用已经非常普遍，同时，人们铸造青铜器的工艺也达到了炉火纯青的地步；到了周朝时期，君王通过分封制、宗法制、礼乐制治理国家，对中国后来的历朝历代产生了巨大的影响。

印度河流域文明从印度河谷发源，经历了发生、发展和衰落。到了公元前1500年左右，古印度进入了吠陀时代。在古代希腊，克里特文明和迈锡尼文明先后出现，人们在泥版上写字，建造了豪华的宫殿……

目 录

第一章

古代中国

文明出现之前的东亚大国

东亚，指的是亚洲东部。在今天的地理版图上，东亚地区包含五个国家：中国、蒙古、朝鲜、韩国和日本。无论是古代还是如今，中国一直都是东亚地区面积最大、人口最多的国家。

与其他文明相似，大河流域常常是文明的发源地，农耕社会是文明出现的前奏曲。早在约公元前8000年，中国的先民们就分别在北方黄河流域和南方长江流域定居下来，发展农业生产。人们在北方种植粟、黍，在南方种植水稻。

大约从公元前7000年开始，除了黄河流域和长江流域，中国广袤的大地上同时还有其他多个农业地区各自发展，每个地区都逐渐走向了繁荣。北方、南方虽在同一时间步入农耕社会，但后来南方的发展速度却慢了很多。

这是为什么呢？有一种解释比较合理：相比黄河流域松软的土地，长江流域的黏土地使得耕种难度较大。中国原始农耕时代的人们还不会使用金属农具，所以南方的农作物产量低。

大约公元前5000年到公元前3000年，中国北方的农耕发展水平明显比南方的高。

中国史前文化的六大区系

在考古学界，考古学家们长期致力于探索中国史前文化的地域和特点。1981 年，著名考古学家苏秉琦先生率先提出中国考古学的区系类型学说，将中国大地上的史前文化划分为六个区系。

1. 陕豫晋邻近地区

以关中、晋南、豫西为中心地带，辐射整个黄河中游乃至部分下游地区。

2. 山东省及邻省一部分地区

以山东省为中心，又细分为两个分支：鲁西南地区、胶东地区。

3. 湖北省和邻近地区

以环洞庭湖和四川盆地为中心的西南部。四川盆地又分为巴、蜀两个分支。

4. 长江下游地区

以太湖为中心向周围扩散。

5. 以鄱阳湖至珠江三角洲为中轴的南方地区

以鄱阳湖至珠江三角洲为中轴，辐射福建省、台湾省、湖南省、江西省、广东省等南方地区。

6. 以长城地带为中心的北方地区

从东向西可分为以内蒙古自治区的赤峰市为中心的地区、河套地区、以甘肃省庆阳市为中心的甘青宁地区三个部分。

亚洲其他地区步入农耕社会

国别	农耕社会起步时间	农业特点
印度	公元前 4500 年左右	种植水稻
泰国	公元前 7000 年左右	种植豆类、葫芦、黄瓜等作物

仰韶文化

20 世纪初，瑞典地质学家安特生来到中国寻找动物化石遗迹。一天，他和助手前往河南省一个叫作仰韶村的地方寻找化石，无意中发现了很多古老的石器和陶器，于是他们把这些文物送到北京市进行研究。后来，更多的专家学者前往河南省，进行考古发掘工作，发现那里有多处新石器时代遗址。由于仰韶村的遗址最具代表性，因此大家把这些年代、地点相近的遗址文化命名为"仰韶文化"。

仰韶文化出现于距今约 7000—5000 年前，当时常见的工具都是用石头制成的，比如挖掘土地用的石铲、加工粮食用的石杵等。通过对遗址进行探究，考古学家们推测当时黄河中游两岸的土地肥沃，人们在这里种植粟，养殖猪、狗等动物。

当时，人们以村落的方式聚居，村落有大有小，村内有房屋，村外有墓地和用来烧制陶器的窑场。

▲ 三鱼纹彩陶盆、花瓣纹彩陶盆和小口尖底瓶

良渚文化

北方黄河流域的仰韶文化接近衰落时，南方钱塘江流域、太湖流域的良渚文化正在兴起。钱塘江、太湖位于长江下游，也就是今天的浙江省、江苏省一带。良渚文化的中心地带是今天浙江省杭州市余杭区瓶窑镇的良渚街道（旧称良渚镇），因此得名。

自1936年起，考古学家在当时的良渚镇及周边地区发现了多处遗址。根据遗迹、文物测定情况，考古学家判定这里的文化出现于距今约5300—4300年前。

生活在良渚文化时期的人们发展农业时，会种植水稻等作物，用石头制造犁地、除草的工具。

良渚遗址中最具特色的文物是玉器，当时的古人会将玉镯、玉璧和玉冠等物品作为自己的陪葬品。良渚文化时期的工匠有相当高超的玉器雕琢技艺，他们制造出的玉器品种丰富，造型精美。

良渚遗址中的陶器也非常精致，尤其以黑陶器物见长，陶壁较薄，轻便易用。良渚文化时期的陶器与玉器有着相似的特征，它们的造型对称均衡，端庄稳重，并且出现不少类似文字的刻划符号，标志着这里的文化已经接近文明。

2019年，良渚古城遗址被列入《世界遗产名录》。

▲ 三叉形玉器、黑陶椭圆形刻符豆和袋足陶鬶（guī）

夏朝：从"公天下"到"家天下"

你听说过尧、舜、禹的故事吗？根据《尚书》和《史记》的记载，尧、舜、禹（又称唐尧、虞舜、夏禹）是黄河流域的三代部落首领。当时，一个部落的首领年纪大了以后，人们就会推举有才能、有德行的人担任下一任首领，这种推举方式叫作"禅让制"。"禅让"的意思是帝王把帝位传给别人。

尧把首领的位置让给舜，舜又让给了禹。禹，也被人称作"大禹"，他是一位智慧、英明的首领，在治理洪水灾害方面有杰出贡献。禹去世以后，下一任首领本该是伯益。不过，禹的儿子启代替伯益当了首领，从此结束了禅让制，开始了"世袭制"。"世袭"指帝位、爵位等世代相传。

《三字经》中提到，"夏传子，家天下"，也就是说，夏朝的君王采取世袭制，天下的土地、百姓都为君王一个家族所有，从此开启了"家天下"的时代。禅让制的时代，是"公天下"的时代；世袭制的时代，是"家天下"的时代。

世袭制出现后，由某一个家族统治天下的时代就叫作"朝代"。约公元前 2070 年，禹建立了夏王朝。夏朝的统治时间有 400 多年，在这期间，最高统治者都是启的家族后代。

帝尧　→ 禅让制 →　帝舜

帝舜　→ 禅让制 →　帝禹

帝禹　→ 世袭制 →　帝启

▲ 从禅让制到世袭制

大禹治水

上古时代，黄河流域暴发了大洪水。田地被淹没，房屋被摧毁，人们的生活痛苦而艰难。

当时，名叫鲧的部落首领带领大家治水，也就是治理洪水。他组织大家建筑堤坝，从而抵挡大水的侵袭。但多年过去，洪水并没有消退，鲧的儿子禹接替了父亲的位置，继续带领大家治水。

禹告别家乡，一走就是 13 年。

在这 13 年里，他三次路过自家门口，可由于心中记挂治水的事，没有一次走进家门看望家人。

禹吸取了鲧的教训，他没有让大家通过建筑堤坝去对抗洪水，而是带领大家用疏导的方法治理洪水。在禹的带领下，成百上千的百姓一起疏通河道，让洪水自河道流向大海。

功夫不负有心人，靠着禹的办法，大家最终解决了洪水带来的难题。人们在洪水退去的河岸上耕种，恢复农业生产，过上了安居乐业的生活。

▶ 大禹治水

二里头文化：夏朝文化遗迹

"二里头文化"以河南省洛阳市偃师区的二里头遗址而得名。1959年，考古学家们发现了二里头遗址。

二里头遗址中不仅有城市，还有宫殿。当时的古人不仅会用陶器、青铜器，还会在陶器上雕刻一些类似文字的符号。不过，二里头被称作"文化"，而不是"文明"，就在于这些符号还不算是成形的文字。

目前，学者们认为二里头遗址是夏朝的遗迹，是夏朝中晚期的都城。

二里头遗址中有一些很特别的文物——绿松石器物，当时的贵族用这种宝石器物作为自己的陪葬品。绿松石器物主要有两类，一类是穿孔的管、珠饰品，另一类是镶嵌绿松石装饰片的物品。

目前出土的二里头文物中，一件游龙形状的绿松石器物尤其引人注目。我们中国人常称自己为"龙的传人"，这件绿松石龙形器的出土证明中国人在3000多年前就对龙产生了崇拜。

▲ 绿松石龙形器

商朝：早期君王不容易

夏朝统治后期，有一名叫桀的君王。相传，他的统治方式极其残暴，百姓生活十分艰难。当时，黄河中下游有个部落叫商，他们的首领叫汤。汤组织大家打败了夏朝君王，从此结束了夏朝的统治，开启了下一个朝代，也就是商朝。

商朝是中国历史上的第二个朝代，自约公元前 1600 年建立，一直持续到约公元前 1046 年。商朝君王曾经把都城建在殷（位于今天的河南省安阳市），所以商朝也被称为"殷商"，而其中的商朝都城遗址叫作"殷墟"。人们在殷墟中发现了商朝的宫殿、大型陵墓、手工业作坊等遗迹。

商朝遗址出土的文物中出现了对当时历史的直接文字记载，比如青铜器上的铭文等。所以，我们对商朝的了解远多于夏朝。

商朝出现了城市、金属器和文字，拉开了中国古代文明的序幕。

▲ 兽面纹铜钺（yuè）

▲ 亚长牛尊

商王的治国办法

商朝的疆土面积、人口数量远超夏朝，而商朝之前又只有夏朝一个朝代，所以商王能够学习参考的历史经验相对有限。那么，他们该怎么治理国家呢？为管理各地，商王主要采取了内外服制。

早在夏朝时期，商原本是黄河下游的一个部落，当时有很多其他部落与商共存。商朝建立后，其他部落认可商朝的地位，成为商朝的附属国。商朝人生活的地域被称作"内服"，附属国则是"外服"。

内服的最高统治者是君王，在他之下又有众多负责管理国家事务的官员。有的官员负责辅佐商王治理国家，有的官员负责记录重要事件，还有的官员负责管理外服相关事务。

外服各部族之中，最高统治者是邦伯。各部族的邦伯拥有贵族封号，与商朝君王为臣属关系。内服和外服的关系并不稳定，商朝强盛时，外服臣服于内服；商朝衰弱时，外服会对内服发起战争。

君王爱占卜

与中国其他朝代的君王相比，商朝君王格外"迷信"。商朝人信仰神灵，君王在发起征战前，往往会派人用占卜的方式预测战事结果。

▼ 商汤与大臣

君王的专业占卜团队

商朝朝廷内的"算命先生"不仅人数多，而且分工明确。

"卜人"负责取来乌龟的腹甲，通过灼烧的方式让龟甲开裂。龟甲上的裂纹叫"兆"，有预示、预兆的含义。不同的兆象征不同的结果，想要解读兆，就要找"贞人"。贞人是高级神职人员，他们的地位相当高，能够解读兆。

当商朝君王参与占卜过程时，君王、贞人会根据兆各自做出判断，之后君王参考贞人的判断得出最终结论。如果君王不参与占卜，那么贞人的判断就是最终意见。

占卜之后，贞人会总结占卜结果是否应验，并在乌龟腹甲上写下"验辞"作为结论。

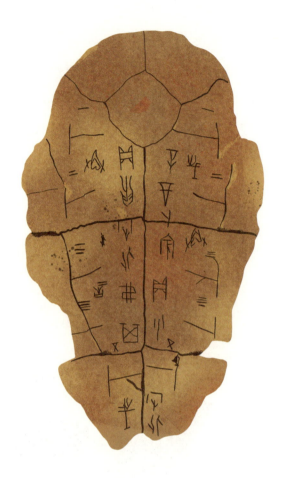

▲ 刻辞卜甲

商朝的贞人和古埃及的神职人员类似，他们的权力非常大，对政治有一定影响，甚至能够反对君王的意见。商朝的君王和古埃及的君王也有相似之处，他们都会受到贵族、神职人员的制约，没有绝对的王权。当然，君王和贵族、神职人员最主要的关系是相互合作，他们共同维持着对王朝的统治。

商朝文明

甲骨文——东亚最古老的文字

商朝人在龟甲、兽骨上刻下的文字，叫"甲骨文"。甲骨文是整个东亚目前已知的最早形成体系的文字。除了甲骨文，商朝人还有一种铭刻在青铜器上的"金文"。相比甲骨文，金文是更为正式的书写字体。

▲ "作册般"青铜鼋（yuán）

▲ "子龙"青铜鼎与铭文"子龙"二字

13

小知识

甲骨文是怎么被发现的?

相传,清朝末年,河南省安阳市的农民从地下挖掘出刻有符号的龟甲、兽骨,当作"龙骨"(古代脊椎动物的骨骼化石)卖给中药店作药材。1899年,清朝官员王懿荣去中药铺抓药时,发现龙骨这味药材上刻着一些字符。从周朝开始,中国人就用竹简写字了;到了清朝,人们早就用上了便宜、轻便的纸张。那么,究竟什么人会在龟甲、兽骨上刻字呢?

王懿荣十分好奇,干脆找商人买了很多龙骨进行研究。这个发现吸引了当时很多文字学家,大家普遍认为这种刻着文字的龟甲、兽骨来自商朝,而龟甲、兽骨上的文字就是中国乃至整个东亚最古老的文字——甲骨文。

青铜器——硬核军事装备

前面提到,商朝的国土面积相当大,君王不仅要管理中央政府,还必须控制地方政府。地方首领不听话、组织叛乱(即背叛统治者,发动战争)怎么办?外敌入侵又怎么办?

为了维护国家稳定,防范外敌入侵,商朝建立起了强大的常备军队,征战时还要求外服各部族一同出兵。商朝的甲骨文中记载了一些有关战争的内容,我们能够从中得知当时的一些情况,比如君王武丁和他的王后妇好征服了当时的多个部落,还平息了几十次叛乱。商王朝好战、善战,不仅士兵众多,而且武器装备精良。

商朝人拥有先进的青铜制造技术,他们用青铜制造戈、矛等兵器,甚至学会了把铁嵌在青铜刀刃上,做成更坚固耐用的"铁刃铜钺"。尽管这种铁不是铁矿石,而是陨铁(坠落在地球上的陨星之中,含石多的被称为陨石,含铁多的被称为陨铁),但这足以证实商朝人已经懂得使用铁了。

▲ 铁刃铜钺

　　除了军事用途之外，商朝人还用青铜制造祭祀等场合使用的礼器，比如被称为"青铜器之王"，重达800多千克的"后母戊"青铜方鼎。

　　"后母戊"青铜方鼎腹部内壁铸铭"后母戊"，这三个字是商王母亲的庙号。"后母戊"青铜方鼎是商王祭祀母亲时所用的礼器。

▲ "后母戊"青铜方鼎

青铜器的颜色

青铜器虽然带"青"字，但跟青色并没有什么关系。刚刚铸造好的青铜器有着金子般的光泽。而文物之所以灰中带绿，是因为长时间埋在地下，产生锈蚀，改变了它们的外观。

神秘的三星堆文化

提到青铜器，人们通常会想起古老的三星堆遗址，在那里，考古学家找到了大量神秘而奇特的青铜器。三星堆文化与二里头文化发源于同一时期，它的遗址位于长江流域的四川省广汉市。

1929 年，一位农民在四川省广汉市的三个大土堆附近挖沟时，竟然在地下找到了大量的玉器。后来，考古人员经过挖掘研究，发现这是一处罕见、壮观、完整的文化遗址。由于三个土堆连在一起像是夜空中的三颗星，人们把它命名为三星堆遗址。

三星堆文化大约出现于公元前 2800 年到公元前 800 年，生活在这里的人们没有留下成熟的文字，所以我们无法了解他们从什么地方来，他们的文化为什么消亡。不过，考古学家在这里发现了大量的遗迹、文物，遗迹包括城墙、祭祀土坑、墓地等，文物包含玉器、陶器、石器、金器、青铜器、象牙以及海贝等。

通过对文物进行研究，人们发现三星堆文化时期的古人会用丝绸做衣服，拥有比较先进的房屋建造技术，会种植粟、黍等作物，养殖以猪为主的牲畜。

▲ 青铜纵目面具

他们尤其擅长铸造青铜器。已出土的三星堆青铜器造型独特而精致，似乎跟宗教崇拜有着密切联系。

青铜纵目面具高大威严，长着精灵一样的招风耳，还有圆柱形的双眼。

1号青铜神树的树枝上站着九只神鸟，树侧还有一条造型奇异的神龙。

▲ 青铜立人像

▲ 1号青铜神树

周朝君王
治国有方

从商朝到周朝

商朝的最后一个君王名叫帝辛，后人又称他为纣王。商纣王是一个昏庸、残暴的君王。

商朝是中国历史上统治时间较长的王朝之一。

商朝覆灭的直接原因是"周"的兴起。当商王忙着和东边的部落对战时，周武王姬发率兵打败了商王朝，于公元前1046年占领了当时的商朝都城朝歌（zhāo gē），开启了中国历史上的第三个王朝——周朝。

周朝的君王对商朝人采取了宽容的政策。周武王给了商纣王的儿子武庚一块封地，让商朝人在这片土地上自我管理，继续发展。他这么做，对天下展示了自己宽容英明的形象，于是获得了民心。

◀武王伐纣

周朝君王的好办法

商朝时期，君王想维持自己的统治地位，通常需要发动战争，用武力征服天下。可是，打仗是一件劳民伤财的事，既耽误百姓发展农业生产，又得花大量钱财去制造兵器。怎么才能更好地管理国家呢？

周朝的君王想出三个办法，建立了阶层等级更加分明的社会，立下大家都认可的规矩，从而避免了很多纷争。

分封制：比内外服制更进步

相比商朝，周朝的疆土更加辽阔。为了管理国家，周朝君王采用了比内外服制更进步的分封制，也就是君王和诸侯等贵族共同治理国家。

周朝的诸侯主要有三类：第一类，王室宗亲，也就是君王家族中的亲戚；第二类，在治理国家方面有成就的功臣；第三类，前朝的君王后代、贵族，以及周边地区的部落首领。

你也许会问，为什么说周朝的分封制比商朝的内外服制更进步呢？

商朝时期，外服的最高统治者是各个地方原有的首领；周朝时期，诸侯多是被君王安排到各个地方的亲信。换句话说，如果你想做商朝的附属国首领，那么你最重要的任务是得到本地百姓的拥戴；如果你想做周朝的诸侯，那么你凡事首先要听君王的安排。

显然，周朝的中央政府对地方政府有着更强的控制能力和管理能力。那么，地方诸侯为什么会听君王的话呢？君王想让诸侯听话，靠的是宗法制。

天子

◀ 周朝社会等级结构

诸侯

卿大夫

士

平民

奴隶

宗法制：等级分明

什么是宗法呢？"宗"指的是宗亲，也就是有血缘关系的亲属。宗法制指的是以家族为中心，按血统远近区别亲疏的法则。在宗法制下，跟掌权者血缘关系近的人能够获得的权力大，跟掌权者血缘关系远的人能够获得的权力小。

具体来说，跟君王血缘关系最亲近的人，是君王的嫡长子。所以，君王退位以后，由他的嫡长子继承王位。君王通常不止一个儿子，除嫡长子以外，其他儿子会被封为诸侯。

诸侯在自己管辖的土地范围内，同样会让自己的嫡长子继承土地。

诸侯的其他儿子呢？他们会被封为卿大夫（这里的"大夫"读 dà fū，指的是官位封号，而不是医院里的医生），拥有诸侯国中的一部分土地。

如此这般，周朝贵族地位按照从高到低的顺序排列，分别是天子（即君王）、诸侯、卿大夫、士。士是贵族阶级里最低的一层，他们的嫡长子可以继承封号，其他儿子则不再被分封土地。值得注意的是，君王的权力最大。"普天之下，莫非王土"，说的就是全天下的土地都归君王一个人所有。无论诸侯、卿大夫、士封得多少土地，都不是绝对地占有土地，而是拥有使用土地、管理当地百姓的权力。

周朝百姓的阶层

按照生活的地域不同，周朝百姓被划分为不同的社会阶层。周朝的中心城市及其周边叫"国"，偏远的乡村以及被征服的地区叫"野"。

在国范围内生活的人，被称为"国人"。国人中除了贵族、官员，还有农民、工匠、商人等平民阶层。

与"国中"相对的是"野外"，在野外生活的劳动者被称为"野人""庶民"或"小人"。

同样是从事农业生产的劳动者，国人要高野人一等。国人可以当兵作战，获得功勋奖励，而野人则不能。

在野人之下，还有一定数量的奴隶。相对于人口总数，周朝的奴隶数量不算多。周朝人在打胜仗之后，会把一些活捉来的敌人当作家奴（贵族人家中照顾主人的奴仆）。

野人

国人

礼乐制：周朝的规矩

礼乐制分为两部分，也就是"礼"和"乐"。

礼

礼通过典章的形式规定了人们的日常行为规范。特殊之处在于，礼主要用于明确人们的身份等级。

礼又叫周礼，规定了不同阶层的人应该怎么做，小到衣、食、住、行，大到婚姻、葬礼。

礼不是周朝人自创的规矩，而是周朝官员总结了上古至商朝的礼仪、风俗，再与周朝人自己的文化习俗相结合，加以整理、改造，最终形成的一套规矩。

野人

◀国人与野人

乐

乐，就是音乐。早在原始社会时期，人们就会随着劳动节奏唱出类似劳动号子的音乐。到了周朝，最具代表性的乐器是用青铜铸造的编钟。它是一种古代打击乐器，在架子上悬挂一组音调高低不同的铜钟。周朝官员制定音乐曲目，贵族们会依照曲目集体奏乐。

跟礼类似，乐也被用来明确人们的身份等级。比如，周朝规定君王听奏乐时能用三架编钟，而诸侯、卿大夫听奏乐时分别能用两架和一架编钟。

通过礼乐制，周朝确立了严格、分明的社会等级关系。低等级的人不能采用高等级人的做法，也不能听高等级人的音乐。反过来，高等级的人

也不会采用低等级人的规则。人们在日常生活中遵循着各个方面的规矩，这些规矩时时刻刻都在提醒他们认清自己的身份和地位。

周朝各个诸侯国的情况差别很大，但所有诸侯都要严格按照礼乐制做事。长此以往，周朝人拥有了共同的文化习俗，也有了更强的凝聚力。

分封制、宗法制、礼乐制三项制度的实施，有效地保证了周朝君王的统治地位。自公元前1046年到公元前256年，周朝的统治长达700多年。直到现在，周朝社会的种种制度，对中国乃至东亚其他国家和地区依然有着很大的影响。

◀演奏编钟

祭祀比占卜更重要

周朝有专门负责祭祀仪式的官员，不过，他们不是宗教方面的神职人员，而是一般的文职官员（不参与军事战争的官员）。

周朝人不像商朝人那样热爱占卜，也不会祭祀山神、河神等自然神。他们敬畏自然、尊重传统，有祭祀天地、祖先的习俗。

▲ "利"青铜簋上铭文的拓片

周朝的祭祀用品："利"青铜簋（guǐ）、何尊

"利"青铜簋

1976年出土于陕西省临潼县（今西安市临潼区），是周朝早期的青铜器。

簋指的是盛放食物的器具，而利是这件器具的主人的名字。"利"青铜簋所盛放的东西不是供人们享用的，而是供祭祀时使用的。

"利"青铜簋的外形上圆下方，为周朝青铜簋的典型模样。古代中国人认为天是圆的，地是方的，而"利"青铜簋正体现了这种古老的看法。

"利"青铜簋上有32个文字，记载了利随周朝君王参加战争的经历。战争胜利后，君王赏给利铜、锡等金属，所以利铸造了青铜簋用以纪念功绩，祭祀祖先。

何尊

1963年出土于陕西省宝鸡市，是一件西周早期的青铜器。

尊是一种盛酒用的器具，何是这件器具的主人的名字。同样，何尊也是祭祀祖先时用的器具。

何尊口圆体方，有四道镂空的棱，造型庄重，花纹精美。

何尊比"利"青铜簋大一些，上面铸有122个字，其中提到了"中国"两个字。目前，何尊是人们发现的最早写有"中国"二字的文物。

前文提到，周朝把中心城市及周边地带称作"国"，因此，"中国"指的是中央城市，也就是周朝的都城。根据何尊的记载，周朝君王打败了商朝君王，祭祀天地，把成周城（今天的河南省洛阳市）作为中央城市——"中国"，统治天下。

▲ 何尊上铭文的拓片

周朝的衰落：
成也分封，
败也分封

▲ 鸭尊

周朝因分封制而成功，也因分封制而失败。这是怎么回事？

周朝早期，诸侯国的力量有限，对中央政府有依赖性，需要通过向王室表达忠诚来获得保护，避免被外族人或其他诸侯国欺压。周朝中期，诸侯国逐渐发展壮大，不再需要被保护，也就不再向王室贡献财物。一些诸侯国甚至敢于跟王室发生矛盾，争夺利益。

与此同时，周边游牧部落都把有着高度文明的周朝领地当成宝地，他们也想占领这片土地。周朝王室对付游牧部落时能力不足，诸侯国也因跟王室关系疏远而袖手旁观。

周朝王室无力抗敌，失去了在诸侯国面前的威严，逐渐走向了衰落。

▲ 青铜觥（gōng）

▲ 漂伯卣（yǒu）

小知识

共和元年：中国历史上有确切纪年的开始

根据《竹书纪年》的记载，周朝有一个昏庸的君王叫姬胡（周厉王），他对待百姓十分残暴，引发了"国人暴动"，最终仓皇而逃，离开都城。太子受到牵连，不便待在宫殿中，只能藏在周朝王亲贵族召穆公的家里。没了君王，谁来统治天下呢？经过推举，大家让一个名叫共伯和的诸侯代理君王处理国家事务。

公元前 841 年，共伯和即位，给这一年起了个名字叫"共和元年"，也就是共伯和治理国家的第一年。14年后，共伯和卸下职务，姬胡的儿子姬靖当上了君王。共伯和统治国家的时期，被人们称为"共和"。

"公元前 841 年"采用的是当今世界通用的纪年法，古代中国人使用的并不是这套纪年法。"共和元年"之前的史书纪年不仅不连贯，而且各有各的方式。比如，有些人把某位君王即位的第一年当作元年，一些地方诸侯国又把某位诸侯即位的第一年当作元年。后人看到这样的史书，难免一头雾水——这一年究竟是哪年？

从"共和元年"开始，史书有了确切的纪年方式，通常以君王即位的时间为准，不再把诸侯即位的时间作为纪年参考。这么一来，后来的历史研究者们也就不用多方求证事件发生的时间，而能够看到连续、确切的年代记载了。

周朝文明

垄耕种植法

《中国科学技术史》中提到，垄耕种植法的出现不晚于公元前 6 世纪。根据朝代对应的年份推理，垄耕种植法最有可能起源于周朝时期。

古代中国人把农田挖掘成一条高、一条低的整齐模样，高的地方叫作"垄"，低的地方叫作"沟"。人们把作物种在垄上，而沟是供大家行走的通道。垄耕种植法，指的是先挖掘沟、堆砌垄，再种植农作物的方式。垄耕种植法的优点非常多，大大提升了粮食产量。

第一，每两条垄之间隔着一条沟，这能让作物有更充足的生长空间、通风空间，让作物更好地吸收阳光、水分，同时避免因闷热而腐烂。

第二，农民们在施肥、拔除杂草时，行走于沟中，不会踩坏作物。

第三，灌溉农田时，农民们不用一株一株地给作物浇水，而是把水流引到沟里。等沟里的水渗透到垄上，

第一年

第二年

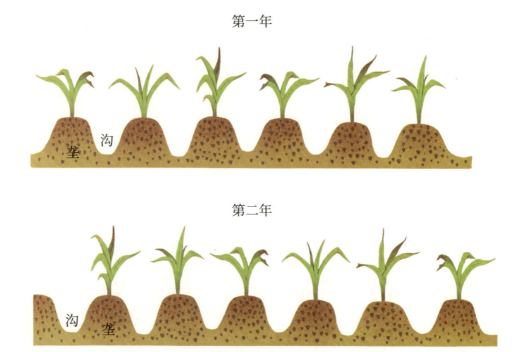

▲ 垄耕种植法

作物的根部就能够吸收水分。

第四，下暴雨时，由于垄比沟要高，且雨水往低处流，所以垄上不会积水，能够避免作物被雨水泡烂。

第五，人们在垄上耕种一段时间后，就把土壤重新翻一遍，在原来沟的位置做垄，在原来垄的位置做沟。这么一来，土地的营养能够持续支持作物生长。

早期农民在一块土地上耕种一段时间后，必须搬迁到其他地方再开垦。垄耕种植法的出现，巧妙地解决了这个问题。

垄耕种植法是中国人对全球农业的重要贡献之一，它极大程度地保证了作物的收成。在古代，垄耕种植法自中国推广开来，并传播到了世界各地。时至今日，美国俄克拉何马州等地依然在用这种方式进行耕种。

究竟是谁发明了垄耕种植法呢？也许它不是某个人独创的，而是由一代代中国农民通过劳作、思考最终总结而成的。

从文字到文学

周朝人的书面文字发展得越来越成熟，他们在青铜器上铭刻朴素写实的文字，内容也由短句逐渐演变为篇章。周朝人会写四言诗，即每句四个字的诗文，他们的诗歌被中国古代最早的诗歌集《诗经》记录了下来。

结语

在文明出现之前，中国大地上已经出现了多个农耕文化地区。

到了夏朝时期，人们已建造起大规模的宫殿、城市，并且会用玉石作为装饰品。

商朝时期，甲骨文的使用已经非常普遍，同时，人们铸造青铜器的工艺也达到了炉火纯青的程度。

周朝君王通过分封制、宗法制、礼乐制治理国家，对中国后来的历朝历代产生了巨大影响。

第二章

古印度

辽阔的土地，多彩的文明

古印度，顾名思义，指的是古代印度。古代印度跟今天的印度有什么区别呢？首先，古印度有更为辽阔的土地，包括今天的印度、巴基斯坦、尼泊尔、斯里兰卡、不丹、孟加拉国以及伊朗东部、阿富汗南部等国家和地区的地域。

古印度不仅比今天的印度疆土面积大，甚至比美索不达米亚、古埃及这两个文明发源地的面积都要大。

正如其他文明一样，古印度文明也是从大河流域开始的。文明从印度河流域起步，经历发展、衰落，又与外来民族的文化相融合，显现出多彩而特别的景象。

印度远古文明的诞生与发展

考古学家们在印度河流域发现了哈拉帕和摩亨佐·达罗等早期文明遗址，年代大约为公元前23世纪至前18世纪，这一时期的远古文明被称为"印度河流域文明"。人们在农田上种植大麦、小麦、豆类、芝麻、棉花和各类蔬菜，驯养牛、羊、猪、驴、狗等各种动物。同时，还出现了一些大城市。

概括来说，印度远古文明的发展主要分为两个阶段。

第一阶段，公元前23世纪至公元前18世纪，古印度处于印度河流域文明时期。

第二阶段，雅利安人（印度北边的游牧民族）于公元前1500年左右征服印度，他们把雅利安文化和印度本土文化相融合，开启了长达约900年的吠陀（fèituó）时代。

◀印度河谷地区的农作物和牲畜

发达而精湛：印度河流域文明

城市：先进又方便

古印度人并非自发、散漫地聚居，之后才形成了城市，而是先对城市进行规划，随后人口才日益增长。古印度的大城市里有很好的排水系统，房屋也是用砖瓦建成的。人们还在这里建造了成片高大的建筑，这些建筑可能不是供人居住的房屋，而是神庙或宫殿之类的公共场所。

城市里的工商业很发达，人们发展了冶金业、手工业，还创造了神秘的古印度文字。

冶金业：青铜器，大家都能用

由于人类早期冶炼金属的技术条件有限，无论是在美索不达米亚，还是在古埃及，使用青铜器都是上层人士的特权。

古印度则不同，人们虽然有高低贵贱之分，但是大家普遍都能用上青铜器。这说明两件事：一方面，古印度有相对丰富的铜矿资源；另一方面，古印度人拥有成熟、发达的冶炼技术。

◀牵两头牛的女性铜像

手工业：拙朴而智慧

彩陶

古印度工匠们烧制了大量的彩陶，作为器皿的彩陶结实耐用，作为工艺品的彩陶线条优美、造型别致。

值得注意的是，古印度人的彩陶并不是五颜六色的，他们没有古埃及人那样色彩丰富的"墨水"。古印度人的彩陶多用陶泥本色作为底色，再用黑色颜料勾勒线条或花纹。同时，古印度人也会使用古巴比伦人拿手的上釉技术，他们会给彩陶上釉，用以增加色彩、光泽和强度。

印章：精致的小型雕刻

美索不达米亚人在泥版上写字，古埃及人发明了纸莎草纸，古印度人就更为特别了——他们用黏土、象牙、铜等材料做成印章，在上面制作小型雕刻作品。

古印度人的印章主要是方形的，也有一些是圆形或椭圆形的。人们在印章上雕刻图案、文字，内容主要有四种。

第一种是印度常见的动物，比如牛、犀牛、老虎、大象等；第二种是古印度人想象中的动物，比如长着牛角的老虎、三头怪兽等；第三种是古印度神话中的天神；第四种是人们的日常生活景象。

古印度人有着相当精湛的雕刻技术，他们擅长勾勒线条，虽不追求细节逼真，但寥寥几笔就能达到生动、传神的艺术效果。

▲ 哈拉帕陶猴

▲ 古印度印章

吠陀时代及其文明

公元前 1500 年左右，印度河流域文明衰亡约 200 年以后，中亚草原有一支叫作雅利安的游牧民族向南迁移，来到了南亚次大陆。雅利安人先是占领了西北部的一个地区，后来一步步征服了整个南亚次大陆。那时，印度原住民依然分散在各地，过着农耕生活。他们无法抵挡外来民族的入侵，最终失去了主人翁地位。

雅利安人一方面破坏了当地的农耕文化，另一方面将游牧文化和当地文化相融合，形成了一种新的文化——吠陀文化。从此以后，古印度进入了吠陀时代。

小知识

"吠陀"是什么意思？

"吠陀"是"知识"的意思，这里的知识不等同于我们今天说的文化知识，而是雅利安人心目中的知识。

雅利安人认为三类知识比较重要：第一，有关宇宙、天神的知识；第二，有关人们行为准则的知识；第三，有关历史的知识。

雅利安人的吠陀文化有三个特点：第一，神职人员、知识阶层是上层统治者，他们拥有最高权力；第二，信奉天神，祭祀、祈祷是人们生活中最重要的事；第三，人们的行为指南以《吠陀经》为准。

《吠陀经》

顾名思义，指的是记载知识的经书。该书中包含赞美诗等内容，通过诵读、学习，人们能够明确行为准则。

《吠陀经》一共有四部，分别是《梨俱吠陀》《娑摩吠陀》《耶柔吠陀》《阿闼婆吠陀》。

《梨俱吠陀》

　　《梨俱吠陀》是《吠陀经》中最重要的一部经书，也是印度现存最古老的诗集。"梨俱"指的是作品中诗节的名称。

　　雅利安人有自己的语言，但没有自己的文字。《梨俱吠陀》最早是靠人们口口相传而流传下来的。《梨俱吠陀》记载了有关天神的神话传说，描述、解释了生活中的各种现象。从中，我们能够看到古印度人对宇宙万物独特而神奇的思考，以及他们代代相传的重要故事。

▲ 吟诵《吠陀经》

他们思考宇宙

我们所处的宇宙是什么时候形成的，又是怎样形成的呢？

宇宙诞生上百亿年之后，地球上才出现人类，所以，没有人目睹、记载有关宇宙形成的往事。科学家们对宇宙起源有不同的猜想，其中最著名的是"大爆炸宇宙论"，也就是说，宇宙起源于一场大爆炸。

古印度人对宇宙起源也有独特的看法，他们认为宇宙起源于"梵"。梵类似于我们中国神话中的盘古，他创造了宇宙、天神，以及人类。

他们思考生命

古印度人认为我们所处的世界是虚幻的，也就是说，我们现在看到的花草树木、高楼大厦都是不真实的幻象。那么，什么是真实存在的呢？只有梵是真实存在的，而信奉天神、遵守规矩、学习知识是人们接近梵的方式。

假如你不理解，不妨回忆一下自己做过的梦。梦中的景物跟现实中的景物很相似，而梦中的人和事也可能十分真实。但当你一觉醒来，会发现那些景物、人、事并不存在，都是幻象而已。

换句话说，在古印度人眼中，我们醒来所处的世界，跟梦中的世界没有什么不同。每个人从出生到死亡，就像一场漫长的梦。

那么，当一个人死去之后，或者说当一个人的"生命之梦"醒来之后，将会去往哪里呢？

▲ 创造之神梵天

39

关于这个问题，古印度人和古埃及人有着类似的看法。

古埃及人认为，一个人如果诚心信奉天神，与人为善，那么他在通过地狱审判的时候就能得到"好成绩"，从而得到永生。

古印度人认为，一个人如果信奉天神、遵守规矩，并且能够不断地学习知识，就能在离开人世之后获得灵魂永生，不再到人间"做梦"。

另外，古埃及人和古印度人都认为万事万物是天神或梵安排好的，人们应该接受，而不是抱怨现状、改变现状。

他们讲述神话故事

《梨俱吠陀》中记载了人们对神话英雄的赞颂，比如天神首领打败巨蛇并释放水的故事。

他们讲述历史故事

古印度人认为信奉天神是接近梵的方式，而我们所处的世界是幻象，所以，经书中的内容更多地是在歌颂天神，而不是记录历史事实。

不过，《梨俱吠陀》中还是记载了雅利安人入侵印度的战争史实：雅利安人摧毁了印度大地上的城堡，打败了印度原住民。

此外，《梨俱吠陀》中还记载了雅利安人的生活方式。早期的雅利安人在中亚草原过着游牧生活，住在帐篷里，没有建立城市。他们不使用货币，而是用东西换东西。征服印度以后，雅利安人过上了类似原住民的农耕生活。

▲ 种姓制度

古印度的种姓制度

雅利安人南下之后，跟当地的农耕部落融合。人们逐渐有了新的社会分工，以及不同的社会阶层。久而久之，古印度形成了奴隶制度，以及一种固定的社会等级制度——种姓制度。

种姓制度把人分为三六九等，这对现在的印度依然影响深远。那么，这"三六九等"究竟指的是哪几个等级呢？

雅利安人以"吠陀"为重，因此，神职人员、知识阶层是最高层。具体来说，古印度社会分为四个等级。

婆罗门：掌管宗教祭祀。

刹帝利：掌管军事和行政权力。

吠舍：从事农业、畜牧业和商业。

首陀罗：从事农业、畜牧业、捕鱼业和手工业，要为前三个等级服务。

前三个等级都属于雅利安人，第四个等级首陀罗属于被征服的古印度原住民。

在吠陀时代，不同种姓的印度人没有太大的贫富差距，种姓主要用来区分人们的职业，而不是社会地位。低级种姓的人也拥有自由，和高级种姓的人一样被要求通过学习、修炼去接近梵。不过，种姓制度对人们的婚姻影响很大。不同种姓的人不能结婚，否则他们的后代将会被当作下等人，只能从事低级工作，不能和其他种姓的人接触。

结　语

古印度文明自印度河谷发源，从公元前 23 世纪到公元前 18 世纪，经历了印度河流域文明的发生、发展、衰落。到了公元前 1500 年左右，雅利安人南下入侵，两种文化融合，开启了吠陀时代。吠陀时代持续到公元前 6 世纪左右，从那以后，古印度文明结束，南亚次大陆开始了新的文明时期。

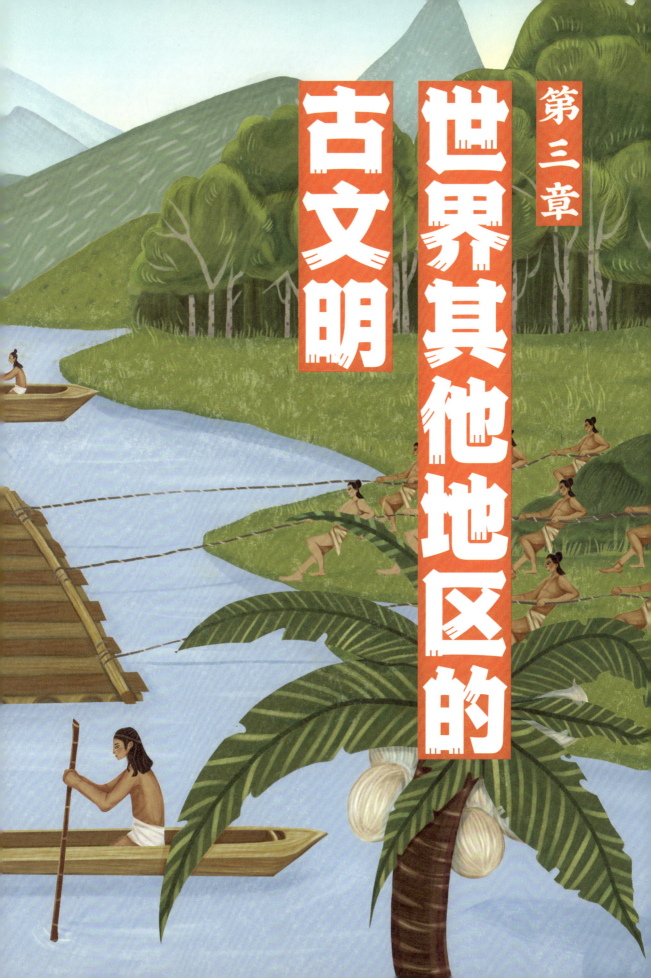

第三章

世界其他地区的古文明

欧洲：古希腊文明

从史诗到史实：古希腊文明重见天日

古代希腊地理范围大致包括希腊半岛、爱琴海诸岛、小亚细亚半岛西岸、黑海沿岸、意大利南部以及西西里岛等地区。

过去，人们没有发现古希腊文明早期的遗迹，无法通过考古或史书了解那时的文明，唯一能参考的就是盲诗人荷马写下的史诗作品《荷马史诗》。它以诗歌的方式描绘历史，但又不是重在展现史实真相的典籍，而是追求艺术美的文学作品。荷马的史诗作品中不仅有历史事件，还有关于天神的神话传说，于是人们对此感到困惑——既然荷马对天神的刻画源自想象，那他对历史事件的描述是不是也跟想象有关呢？所以，人们普遍没有把《荷马史诗》当作现实来看待，而是更多地欣赏它的艺术性与文学性。不过，也有人对《荷马史诗》的真实性深信不疑。

▲一位迈锡尼妇女

19世纪末，德国考古学家海因里希·谢里曼希望找到《荷马史诗》中提到的城市，于是来到希腊地区不断探索。功夫不负有心人，他最终真的找到一座古城遗迹，并辨认出这里就是荷马提到的迈锡尼古城——在荷马的笔下，它曾经是一座以金、银制品闻名的城市。

迈锡尼古城重见天日，人们发现这里有城堡、宫殿、楼阁和贵族的墓地。通过对遗迹、文物进行测定，考古学家认为这座古城的文明大约出现于公元前 1600 年。

很快，人们有了新的疑问：迈锡尼文明是不是古代希腊最早的文明呢？

到了 20 世纪初，这个问题有了明确的答案。

当时，英国的考古学家来到希腊的克里特岛进行挖掘研究，发现了一个比迈锡尼文明更早的文明。克里特岛上的文明大约出现于公元前 2000 年，根据遗址所在地，人们把它命名为克里特文明。

在克里特文明被发现之前，有人曾经在这座岛上找到过一些刻着文字的泥版。由于没人认识这种文字，大家就给它起了一个代号，叫"线形文字 A"。

克里特文明被发现后，考古学家找到了大量写有文字的黏土泥版。泥版上的文字比"线形文字 A"更先进，被大家称作"线形文字 B"。

英国的一位学者对线形文字 B 进行了深入研究，最终破解了这种文字。得益于前人的贡献，我们现在对克里特文明和迈锡尼文明都有了更多的了解。

因为克里特岛和迈锡尼古城的地理位置都在爱琴海一带，所以两地出现的文明有个并称，叫爱琴文明。

伟大的《荷马史诗》

《荷马史诗》是古希腊文学史上最早的作品之一，它的名气大极了，从古至今拥有无数中外读者。

荷马是作者的名字，他完成的史诗一共有两部，分别是《伊利亚特》和《奥德赛》。这两部史诗不像我们中国的古诗那样简短，而是各自长达24卷，都有上万行。

古往今来，人们对荷马这位作者有着不同的观点——真的有荷马这个人吗？他是写下史诗的作者，还是把口口相传的故事编撰成文的编著者呢？由于话题一直很热门，人们干脆把它称为"荷马问题"。现在，多数人认为史诗的原型是在古希腊百姓中流传的故事，而荷马是最早把两部史诗编撰、定型的作者。

不管是否有荷马其人，《荷马史诗》都对希腊产生了深刻的影响。几百年前，好战的多利安人摧毁了伟大的爱琴文明。这部作品重新点亮了希腊文化的光芒，刻画了动人的神话传说、英雄事迹，激励了当时的希腊人。

于是，人们把公元前11世纪—前9世纪，称为荷马时代。荷马时代的希腊人继承了之前的爱琴文明，开启了后来的早期希腊文化时代。

▶ 行吟诗人

另外，《荷马史诗》在历史学、地理学、考古学和民俗学等方面都有相当大的研究价值。其中的故事情节、人物形象也为之后的欧洲作家提供了丰富素材。可以说，《荷马史诗》是欧洲叙事诗的经典模范（不同于抒情诗，叙事诗重在叙述事情，而非抒发情感）。

▲ 荷马像

古希腊人从哪里来？

文字是文明最有效的载体。在美索不达米亚的泥版等文物上，人们发现了数十万篇文字；而在克里特岛的文物上，人们只找到约5000篇文字内容。所以，虽然考古学家和学者发现并破译了这种文字，但大家对古希腊文明的了解依然没有对美索不达米亚文明那么深入。

通过研究有限的文物资料，学者们认为古希腊人、小亚细亚的赫梯人、古印度的雅利安人有着共同的祖先——生活在东欧平原上的印欧人（即印度人和欧洲人的祖先）。

公元前4000年左右，地球进入了小冰河期，东欧平原的气温不断下降。大约从公元前2千纪（指公元前2000到公元前1001年）初起，印欧人陆续离开家园，有些前往美索不达米亚，有些前往南亚次大陆，另一些来到希腊，开启了希腊文明。

▲ 线形文字泥版

克里特文明：独特的海洋文明

古希腊文明出现之前，人们已经在这片土地上从事农业生产了。我们之前提到的文明多萌生于大河流域，而爱琴文明则发源于海洋。海洋文明在农业、商业等方面都有着自己的独特之处。

▲ 克里特文明的陶杯

农业方面，古希腊人除了种植大麦等作物，养猪、羊等牲畜，还开启了捕鱼业。

商业方面，古希腊人利用海洋的便利，与其他地区进行贸易往来。那时，沿海地带的古希腊人跟腓尼基人学会了做买卖，后来跟古埃及人也有了商业往来。

在了解美索不达米亚、古埃及两地的高级文明之后，沿海地区的希腊人逐渐提升了自己的文明水平。但是，同一时期的希腊半岛内地的农耕部落可就大大落后了。

克里特岛位于希腊地区南部，到美索不达米亚与埃及的交通极为便

▲ 克诺索斯王宫中壁画上的女人

利。于是，这里成了古希腊最早的文明中心。

《荷马史诗》中提到，克里特岛有一位名叫米诺斯的国王，他是天神宙斯的儿子，掌管着整座岛屿。所以，后来人们也把克里特文明叫"米诺斯文明"，而克里特岛上的居民又被称为"米诺斯人"。

在青铜器盛行的时代，人们需要大量的矿石原材料，也就是铜、锡等矿石。但是矿石并不是在任何地方都有，而是某些地方的特产。米诺斯人生活在地中海的交通要道上，所以做起了把铜、锡等矿石从原产地卖到别处去的生意。除此以外，米诺斯人还贩卖陶器、木材，以及谷物、橄榄油和酒。

大约从公元前 2000 年到公元前 1700 年，米诺斯人修建了一座豪华的宫殿，也就是克诺索斯王宫（该宫殿在神话传说中赫赫有名，直到 20 世纪初才被考古学家发现）。克诺索斯王宫既是国王米诺斯的住处，也是当时的国家金库。从宫殿上的壁画来看，国王的生活水平较高，而且有丰富多彩的娱乐活动。

▲ 克里特文明的陶罐

宫殿中使用的文字是线形文字A，至今还没有人能够读懂。不过，我们能够看出米诺斯人的统治者和官员在管理国家时已经会使用文字，也会用文字记录经济活动了。

　　大约公元前1700年之后，克里特岛经历了地震、火山、海啸等一系列自然灾害，其中，公元前1628年左右的火山大爆发最为致命。大约公元前1600年之后，米诺斯人重新修建了宫殿和城市，但繁荣没持续多久。公元前1450年左右，米诺斯人的财富和文明吸引了外来入侵者，外族人统治了克里特岛，这里的文明也从此开始衰落。

　　米诺斯人虽然在斗争中失败了，但他们没有让文明就此消失，而是保持了贸易的传统，在文字、建筑方面的成就也影响了古希腊后来的文明。

▲ 克诺索斯王宫遗址

迈锡尼文明：青出于蓝而胜于蓝

公元前 1600 年左右，克里特岛西北方向的迈锡尼地区的实力开始发展壮大。当地部落跟克里特岛的米诺斯人学会了两个重要的本事：一是用石料建造城市和战争要塞（防御建筑）的方法，二是线形文字A的书写方法。

有了战争要塞的保护，迈锡尼人开始向其他部落发起攻击，最终征服了周边地带，形成了以迈锡尼为中心的城邦国家。

迈锡尼人"青出于蓝而胜于蓝"，他们的文明很快超过了克里特文明，约于公元前 1400 年到公元前 1200 年达到了高峰。在学会线形文字A之后，迈锡尼人改进出更高级的线形文字B，甚至反过来把线形文字B教给了他们的老师——米诺斯人。

根据《伊利亚特》的记载，公元前 1200 年左右，迈锡尼人前往东边小亚细亚的古城特洛伊，向当地人发动了一场战争。从这件事可以看出，当时地中海东部爆发了战乱。战争使得人口数量大大减少，一些人逃到了爱琴海的其他岛屿上，还有一些人继续向东远走。

由于人口的流动与内外部的社会冲突，迈锡尼文明迅速衰落，线形文字B失传，文明的记载也就此中断。后来就是文明衰落的荷马时代了。在荷马时代的后期，古希腊各地才重新出现城邦，文明再次繁荣。

▲ 迈锡尼古城遗址

世界上最著名的木马：特洛伊木马

根据《荷马史诗》的记载，迈锡尼人和特洛伊人于公元前 1200 年左右爆发战争。特洛伊是一座很难被攻克的城市，这场仗打了 10 年之久，但迈锡尼人连城门都没攻下。后来，一个迈锡尼英雄想出一个妙计，他让士兵们假装撤退，又在特洛伊城门口放置了一个巨大的木马。

这个木马就是大名鼎鼎的特洛伊木马，它可不是玩具木马，而是肚子里藏着 20 个士兵的战争道具。

特洛伊人不知道木马的秘密，他们见迈锡尼人不见了，就认为自己赢得了胜利。尽管不知道木马是用来干什么的，他们还是把这个大家伙抬到了城门里。

当天晚上，特洛伊人为庆祝胜利载歌载舞、大吃大喝。这时，藏在木马里的迈锡尼士兵悄悄打开了特洛伊的城门，招呼自己人进入城中打了个痛快。特洛伊人毫无防备，只能眼睁睁地见证敌人的胜利。

▲ 特洛伊木马

亚洲：日本、东南亚早期文明

日本

日本和中国是一衣带水的邻邦国家，"一衣带水"的意思是两个国家和地区之间仅隔着河流或大海，地理位置接近。日本跟中国的距离不算远，日本人也多是黄皮肤、黑眼睛、黑头发。那么，日本人跟中国人的祖先是同一群人吗？

说是也不是，说不是也是。古代日本主要有两类人，分别是绳文人和弥生人。

绳文人跟中国人的关系不大，他们大约于公元前16000年之前就从高加索地区来到了日本，在日本生活的历史最悠久。

弥生人跟中国人的关系比较大，他们又主要分为两支，一支是从中国江苏省、浙江省等地区迁徙而来的，另一支是从中国山东省以及朝鲜半岛迁徙而来的。现在，日本福冈县的居民在遗传基因上接近于中国江苏省人，而日本山口县居民的遗传基因则更接近于山东省淄博市临淄区人。

▲ 火焰形土器

▲ 弥生式陶器

东南亚

早在约 5 万年前，东南亚地区就有了人类生存的足迹。约 1 万年前，和平文化族群迁徙到这片土地，他们会制造工具，并且开始发展自己的传统文化。到了新石器时代，两个不同的族群以不同的方式迁徙到这里——说南亚语的族群走陆路而来，说南岛语的族群则从海路而来。

公元前 1700 年左右，东南亚地区的几个种族融合，共同开启了早期农业社会。人们在这里种植豆类、葫芦、黄瓜，开垦稻田。

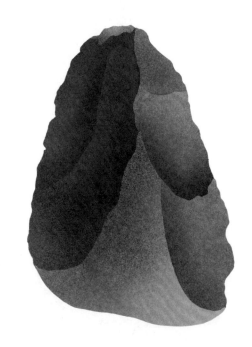

▲ 和平文化遗址石器

大洋洲：
新几内亚岛、澳大利亚大不同

早在约 6 万年前，一些早期智人抵达太平洋上的新几内亚岛，之后又通过海峡来到了澳大利亚，过着采集、狩猎的生活。如果你浏览今天的地图，会发现新几内亚岛和澳大利亚之间隔着一湾广阔的海峡，有着相当遥远的距离。要知道，几万年前的地球板块与现在不同，当时新几内亚岛和澳大利亚之间的距离并不算远。距今约 1 万年前，两地才因海平面上升而被分隔成彼此孤立的地区。

分隔之后，新几内亚岛、澳大利亚两地的发展也变得很不相同。

澳大利亚可以作为食物或药材

的植物数量不算丰富，只有100多种。但是，当地人在公元17世纪以前一直过着采集、狩猎的生活。

新几内亚岛的情况大不一样。公元前3000年左右，南岛人在抵达东南亚之后，一路南下来到新几内亚岛，开创了拉皮塔文化。南岛人在新几内亚岛种植土豆、芋头，驯养猪和鸡。

海岛上的物产有限，南岛人会在不同的岛屿之间做买卖。大约从公元前1500年到公元前500年，他们在太平洋上建立了相当完备的海上商路。不过，公元前500年左右，岛屿之间的商业往来变少了。

最大的原因可能是这样的：各个岛屿上的居民增多，人们有了社会分工，已经能够生产各种各样的生活必需品，并实现了自给自足。

从这时起，南岛人出现了阶层分化，先是有了首领，后来又出现贵族。首领会向部落里的人索取物品，比如农产品、鱼类、禽类。他们甚至给自己贴上神的标签，禁止部落里的人直视自己。

南岛人跟澳大利亚北边的部落也有商业往来，但是澳大利亚并没有因此发展出更先进的文化，甚至没有形成真正意义上的国家。

▲拉皮塔文化陶器

带木帆的独木舟

　　南岛人在太平洋、印度洋之间游走，靠的是出色的航海技术。新几内亚岛的南岛人有着强烈的探索精神，他们热爱自然，用天然的材料发明了带木帆的独木舟、双体船等航海工具。公元前1500年左右，他们已经到达了瓦努阿图、新喀里多尼亚等太平洋的众多岛屿。

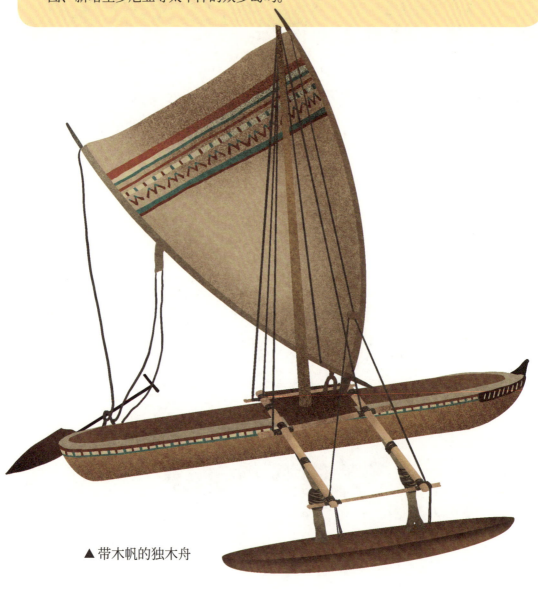

▲ 带木帆的独木舟

美洲：另一种拥有金字塔的文明

美洲有着辽阔的土地，人们很早就在这里发展农业。大约从公元前8000年到公元前7000年，墨西哥南部的美洲人已经在种植豆类、胡椒、鳄梨、南瓜和葫芦。到了公元前4000年左右，他们开始种植玉米（玉米至今仍然是墨西哥最重要、最具代表性的作物）。

▲ 玉米

大约公元前3000年到公元前2000年，美洲中部地区普遍进入了农业社会，但人们只驯化了火鸡和狗，没能像东半球的居民那样驯化更多的家畜。

大约公元前1500年以后，美洲中部地区步入文明社会。人们修建起金字塔，在那里进行大规模的祭祀活动。

▲ 火鸡

美洲金字塔

金字塔并不专指古埃及的金字塔，而是指代所有"金"字结构的高塔。美洲金字塔同样因外形像"金"字而得名，但它不是国王的陵墓，而是一种祭祀场所。

在美洲人的信仰中，天神、升天似乎也有着相当重要的意义。以当时的建筑技术来看，想要建造足够高大的建筑，"金"字结构就是最佳选择。所以，不同地区的人会建造起外形相似的建筑。

美洲中部居民有复杂的社会分工和阶级分层，部落精英、神职人员、工匠是社会的上层，他们住在宗教场所附近，促进了城镇的出现。当时，农民们会到宗教场所看祭祀仪式，顺便在城镇集市上交换商品。

▲ 羽蛇神

目前，考古学家没能找到关于美洲早期文明的直接文字记载，只能通过文明遗迹推测那里的古人如何生活。不过，一些美洲部落把古老的文化传统或生活方式传承至今，所以研究者能够通过观察他们的生活去了解当地文明。

▲ 奥尔梅克面具

从 1940 年起，考古学家和历史学家对美洲的一个原始部落进行了研究。因当地生长着橡胶树，所以这个部落被称作奥尔梅克，也就是"橡胶人"的意思。

奥尔梅克人自公元前 1200 年左右起就生活在这片土地上，他们在部落中心地带修建金字塔、神庙等公共建筑。奥尔梅克人曾在公元前 900 年左右、公元前 400 年左右两次迁移部落中心，至于迁移原因，主要有两种可能。

第一种可能是人们为了寻找更适合耕种的土地，第二种可能是战争。

从奥尔梅克的遗迹来看，被废弃的部落中心遭到了一些人为破坏。奥尔梅克人建造了用来祭祀的巨石雕像，那些雕像的脸部不知被什么人铲平了。看样子，当地很可能发生过战争。

奥尔梅克人还会制造陶器，雕琢精美的玉器。他们的文化影响了美洲中部的社会发展，以及后来出现的玛雅文明（也有学者认为，奥尔梅克人就是玛雅人的祖先）。另外，奥尔梅克人还制定了自己的历法，发明了文字。不过，他们留下的文字不多，而且没有人能读懂这种文字。

◀ 太阳金字塔

奥尔梅克巨石头像

奥尔梅克文化最引人注意的遗存是14座奥尔梅克巨石头像。右图中的这座雕像是一个戴着古怪头盔的人头，既显现出东方人的面部特征，也显现出非洲人的面部特征。

奥尔梅克巨石头像是由天然巨石打造的，它的存在彰显了奥尔梅克人高超的雕刻技术水平。

▲ 奥尔梅克巨石头像之一

结　语

　　大约从公元前 6000 年到公元前 4000 年，地球上多个地区绽放出文明的光辉。人们告别了采集、狩猎的生活，在村落中定居，不断发展农耕，最终步入文明时代。不要忘记文明的三要素：城市、文字、金属器。

　　在美索不达米亚、古埃及、古印度、古代中国、古希腊等国家和地区，人们由村落发展，建设起城市，从此有了社会分工、阶层分化；在泥版、纸莎草纸、青铜器、甲骨上，人们书写着不同的文字；青铜取代了黄铜，人们用它制造武器和祭祀用品……

　　不同地区的文明有各自的特点，但每一种文明都是由部落演变成复杂社会的，它们有各种各样相似的特征。

　　在人类文明的下一个环节，复杂社会将发展成更强大的王国和帝国。